CALIDOSCOPIO

Félix Fernández Madrid

INFORMACIÓN DEL EDITOR

EBook Bakery www.ebookbakery.com

correo electrónico: FelixRFernandezMadrid@gmail.com

ISBN 978-1-938517-74-7

©2018 de Félix Fernández Madrid

TODOS LOS DERECHOS RESERVADOS

Ninguna parte de este trabajo cubierto por los derechos de autor de este documento puede ser reproducido, transmitido, almacenado o utilizado en cualquier forma o por cualquier medio gráfico, electrónico o mecánico, incluyendo pero no limitado a fotocopiar, escanear, digitalizar, grabar, distribuir en la red electrónica o en las redes de información o de almacenamiento y recuperación, a excepción de lo permitido por la Sección 107 o 108 de la Ley de Derechos de Autor de los Estados Unidos de 1976, sin el permiso previo y por escrito del autor.

Imagen de tapa:
Mujer misteriosa. Hubert Volkmann 1970. Témpera sobre pegamento húmedo en papel rasgado

ÍNDICE

Prólogo del autor..vii
Prefacio. Sylvia Pellizzari...ix

MI BUENOS AIRES QUERIDO..1
Felicidad..2
El jardín de nuestra infancia..7
Piti, el gato de los yuyos..13

DE LA AMISTAD Y DEL AMOR...17
Mi amigo Juan...18
Homenaje a Bolivia...21
Si supieras..25
La noche con ella...28
Tú y yo...33

EN SON DE PROTESTA...35
De campesino a villero..36
Cadena rota..40

TODOS SOMOS HUMANOS...43
Alegoría del llanto...44
La palabra..47
Del ruido y del silencio...50
Soledad..55
Jornada hacia la cumbre..63

DE LA MÚSICA, LA DANZA Y EL BUEN VINO................................67
Oda al pinot noir...68
Aurora boreal..71
El duende de mi guitarra...77

DEL PLANETA TIERRA 81
Pesadilla de estío 82
Los caminos del agua 87

DE LA MUERTE 91
El sol del 11 de septiembre 92
Oda a Perséfone 96

EPITAFIOS 99
Nefer 100
Lágrimas de miel 103

DE LOS ARTISTAS 109

DEL AUTOR 113

NOTAS 115

DEDICATORIA

Para Anita, la arquitecta de una bella familia

PRÓLOGO DEL AUTOR

Escribí CALIDOSCOPIO en mis ratos de ocio a partir de 1990 aunque entonces no lo llamé asi. En esa época me gustaba experimentar escribiendo cuentos cortos sin redundancias en la forma más breve posible, tal vez influido por mi formación científica. Sin pensarlo, algunos de los cuentos cortos que por supuesto carecían de metro ya que la intención del autor no era escribir poesía sino transmitir mensajes que adquirieron naturalmente cierta rima. Amante de la poesía desde mi juventud, descubrí este género en el que caí por serendipidad, un híbrido sin metro entre el cuento corto y la poesía, un medio de comunicación extraordinario que me permitió la expresión de ideas, muchas de ellas conflictivas que frecuentemente me asaltan y de recuperar recuerdos e imágenes que de otro modo hubiera perdido. En otras palabras, al principio de los tiempos esta quimera con cuerpo de cuento corto y cabeza de poesía en ese orden fue escrita para mí. Con el pasar del tiempo pensé que CALIDOSCOPIO podría ser de interés para nuestros hijos y nuestros amigos.

CALIDOSCOPIO se inspira en recuerdos de caminos cruzados en Buenos Aires con personajes que por alguna razón dejaron marcas indelebles en mi vida, en agridulces recuerdos que atesoro y que aún me acompañan. A través de muchos años de residir lejos de mi país se han sumado otras experiencias vividas en muchas partes del mundo que de alguna manera han contribuido a plasmar lo que soy y que tienen conexión indudable con mi pasado en mi país natal, Argentina. *El sol del 11* de septiembre fue escrito a los pocos días siguientes a la tragedia, aún sacudido por el impacto de la atrocidad. La mayoría de las poesías son producto de lo que pasaba por mi mente en ese momento y algunas están vinculadas a hechos específicos que me afectaron. *Homenaje a Bolivia* fue dedicado a dos amigos muy queridos e inspirado por el recuerdo de mi amigo Che Guevara que terminó sus días en Bolivia, *Nefer* fue inspirado por el hallazgo inesperado en un museo de Berlín del perfil de una mitológica brujita que perdura en nuestra memoria y *Lágrimas de miel* representa el recuerdo de una gran persona que dejó su marca en muchas vidas. A mi juicio, los pensamientos son más duraderos que los nombres de modo que muchos de los protagonistas son anónimos y pertenecen a mis recuerdos privados o a mi imaginación.

Para darle ambiente personal a CALIDOSCOPIO pensé adornarlo con imágenes, muchas de las cuales me han acompañado durante muchos años. La mayoría de las imágenes que he elegido para ilustrar las poesías son obras de mi amigo Hubert Volkmann y una pintura muy preciada de su esposa Hildegard. Hubert fue un eximio pintor y Hilde tenía mucho talento. El resto de las ilustraciones son valiosas contribuciones de pintores aficionados tales como mi nieta Kadie Sullivan, una estrella en potencia y dos obras de una artista "amateur", Luisa Madrid, mi madre, quien empezó a pintar al final de su vida. Completan las notas gráficas hermosas fotografías de Rudolf Volkmann, un viñedo en Oregón muy cercano a mi corazón, el busto de Nefertiti, una pieza de museo que pasó a formar parte de mi vida después de más de tres mil años, y la carátula de un libro que escribí acerca del significado de la gesta de mi amigo Che Guevara. El resto de las ilustraciones que me parecieron apropiadas fueron obtenidas en la red electrónica. El ambiente en el cual creció CALIDOSCOPIO tiene una tercera dimensión, la música, que el lector podría imaginar al leer las poesías. Como ejercicio mental, *Cadena rota* podría iniciarse suavemente con tan pocos decibeles que la música no podría identificarse, para luego paulatinamente ir "in crescendo" hasta adquirir la forma de la Oda de la Alegría de Beethoven, concluyendo con la fuerza tremenda del coro de la

Novena. Cuando he escuchado a veces las estrofas de Friedrich Schiller, se me ha puesto la carne de gallina al pensar que millones de hermanos las repiten en todos los ámbitos del mundo sin saber de Beethoven ni de Schiller. En *Pesadilla de estío* resuenan en mis oídos los acordes alucinantes de bolero de Ravel y al leer *El Jardín de nuestra infancia* podría escuchar las melodiosas notas del violín en la Meditación de Thäis. En *Aurora Boreal* imagino a Pigmalión y a Galatea bailando al compás del Lago del cisne y por supuesto el *Homenaje a Bolivia* es acompañado por los maravillosos sones de la quena que resuenan en el altiplano. Un último ejemplo, *El duende de mi guitarra* inspirado en la guitarra mágica de un gran guitarrero en la cual baila el duende de Isaac Albéniz o tal vez de algún árabe virtuoso del laúd en el Andalus.

Agradezco a mi amiga Marcela Fittipaldi por sus excelentes y oportunos consejos, a mi hermana Sylvia Pellizzari y a la profesora de letras Señora María Luisa Tarelli por leer las poesías con paciencia y por sus valiosas sugerencias. Agradezco las valiosas contribuciones del ingeniero Simon Xu, de Rudolf Volkmann y de Clifford Roberts quienes produjeron las fotografías que ilustran esta obra. Mi gratitud a todos los seres que inspiraron estos versos, en especial a Anita, mi compañera de toda una vida. En suma, una amalgama de poesías, imágenes y música que invita al lector a leer e imaginar si le interesara internarse en tierra incógnita.

PREFACIO

Escritor sensible, pintor de las ideas, acostumbrado a escudriñar y mirar hasta lo más pequeño y profundo, se convierte en protagonista generoso y abierto, lo que permite a los lectores descubrir los matices de una filigrana de la más fina trama. Más concretamente, sus mensajes exceden la frontera de la sangre a través de un sentimiento fraterno y describen el resorte emocional que mueve al ser humano sin excepción.

A través de la figura del sueño, el autor reflexiona sobre la vida y la muerte y se interna en el riesgoso ámbito Freudiano de la libre interpretación. En *La Noche con Ella* utiliza nuevamente la figura del sueño, en la que los colores de la palabra y el pincel se conjugan denunciando el claroscuro contraste entre el mundo imaginado y el real.

El autor se complace en exponer ideas conflictivas. En *Felicidad* descubre que el hombre puede por supuesto gozar en la abundancia pero que también es capaz de encontrar felicidad en la pobreza, y en *Cadena rota* analiza dos polos opuestos, la opresión y la libertad.

En *Jornada hacia la cumbre* el autor nos habla de la ardua tarea de encontrar razón y verdad en uno mismo y de un intento de encontrar el camino a través de metas propuestas y alcanzadas.

Las palabras del autor parecen fundirse con las pinceladas del pintor en El jardín de nuestra infancia, en el que plasma un paisaje idealizado con una sublime añoranza de juventud. La naturaleza de *CALIDOSCOPIO* con sus abruptos giros de temática, obliga al lector a mirar cada uno de sus temas con un prisma especial.

Se observa un doble juego objetivo y subjetivo en el devenir de la poesía, fruto de un observador meticuloso, hábil conocedor de la palabra. En *Aurora boreal* dibuja el alma errante del amor, buscadora incesante de su mismidad hasta en el frío mármol.

En el infortunio tremendo descripto por el autor en *El sol del 11 de septiembre* de una manera desgarradoramente poética, elige como interlocutor a un testigo fiel. En varias de sus poesías hay una huella mitológica en la que entrelaza rostros, emociones y sensaciones reviviendo recuerdos anidados en su mente. Sutil sondeador del alma, la recorre sin apuro, sabe decir lo que está más oculto y desgajarlo sin lágrimas, a menos que éstas sean de miel.

Sylvia Pellizzari

MI BUENOS AIRES QUERIDO

Felicidad
Para nuestros hijos y nuestros amigos

Fabulosa experiencia de nacer,
de asomarse a la vida
sin saber ni cómo ni porqué,
abrir los ojos muy grandes
deslumbrado al descubrir el mundo,
y al despertar sobre el tibio pecho de la madre,
encontrar sin querer su seno invitante,
y por vez primera
aplacar el hambre.

Crocante guardapolvo almidonado,
o humilde y gastado lienzo gris
en el primer día de clase,
el brillo de zapatos bien lustrados
o pobres alpargatas sin color,
la dicha de jugar con chicuelos,
aprender la cartilla,
leer y escribir
y una niñez tapizada de amor,
libre del miedo salvaje de la guerra,
a salvo de bombas y terror.

Un jazmín en flor,
alegría y fragancia de primavera
en el bosque de Palermo,
vestido de verde
y bañado de luz,
ruidoso entorno de niños jugando,
el agua cantarina de una fuente,
un perfumado pétalo de rosa
sollozando gotas de rocío,
una franca sonrisa,
o una espontánea carcajada,
a veces una lágrima de alegría,
o simplemente el encanto
de una dulce fantasía.

AMOR VERDADERO,
DIBUJO AL LÁPIZ, PAUL WAND, 2017.

…ser libre para pensar,
descubrir el amor verdadero,
crear,
construir,
gozar el increible prodigio de vivir,…

Haber suspirado alguna vez
por una mujer hermosa
deseada con pasión,
misteriosa,
atractiva y elegante,
voluble y fugaz,
de intelecto brillante,
seductora,
elusiva y a veces distante,
o soñar tan siquiera con su imagen lejana
reverberando en el recuerdo
o en la imaginación.

El placer de una buena mesa,
un festín regalado
con alegres amigos compartido,
o el goce del mendrugo
que mitiga el hambre en la escasez,
o la delicia del agua fresca
que calma la aspereza
de la garganta sedienta.

Un cielo límpido
y también un horizonte nublado,
un día claro y soleado
o quizás brumoso y frío,
una capa de armiño
o un harapo gris descolorido,
la risa de un niño,
pero también su desconsolado llanto.

La pasión juvenil desenfrenada
o la locura de un viejo arlequín,
la dulzura de un violín virtuoso,
el suave son de una cítara,
la melodía alucinante de un laúd
el claro y transparente lenguaje de un piano,
o el ronco gemir de un bandoneón,
una trova cautivante
cantada por un gran tenor,
o el dulce trino del ruiseñor,
pero también el del gorrión.

Descubrir caras nuevas
en viejos mundos,
gozar del fugaz instante,
volver a ver
a los seres queridos que se fueron
en la luna llena,
vislumbrar la estrella titilante
en la noche oscura,
o el rayito de sol en la vereda
mitigando el frío del invierno.

Degustar un vino añejo de abolengo
o catar uno joven en barrica,
descansar a la sombra de un ombú
contemplando la belleza
de la alfalfa vestida de azul
suavemente mecida por el viento,
o sobrevivir el sol candente del desierto
en la alucinación del fresco oasis.

No olvidar jamás al amigo
que tendió su mano para ayudarnos,
ni al enemigo que nos quiere mal,
pero saber perdonar
y estar dispuesto a dar,
compartir otras vidas en un libro,
aceptar con alegría la verdad
aunque no sea la nuestra,
descubrir algo positivo
hasta en el desastre,
y encontrar la fuerza postrera
para levantarnos
y volver a empezar
después de una caída,
y saber encontrar solaz
aun en la soledad.

Ver y sobretodo imaginar,
oír,
pero también escuchar,
visitar galaxias extrañas sin temor
a los misterios de lo desconocido,
y explorar con los dedos
una cara o un cuerpo tibio,
aceptar a los humanos
tal cual somos,
vibrar con seres afines,
borrar de la lengua el odio y la condena,
dejar hacer,
ser libre para pensar,
amar y ser amado,
descubrir el amor verdadero,
crear,
construir,
gozar el increíble prodigio de vivir,
ganar con modestia,
perder con altura,
y a la hora señalada,
después de haber libado con fruición
el delicioso agridulce néctar de la vida,
morir con entereza.

El jardín de nuestra infancia
Para mis hermanos, que fueron parte del festín

Entrecierro los ojos,
y allá a lo lejos,
rescato el amanecer
de nuestra infancia distante,
momento hechizado
que vuelve a mi mente
cual sucedido ayer.

Despierto con el rosicler de la mañana,
y a través de mi ventana
de par en par abierta hacia el jardín,
percibo el aroma del naranjo en flor
que mis ojos no ven
pero adivinan,
disfrazado de duende por la bruma.

Pero la niebla intenta en vano
ocultar los tesoros
del jardín de antaño,
pues nuestros ojos
por mil amaneceres educados,
la derrotan
y descubren sus encantos.

Cede por fin la bruma
ante la alborada impetuosa,
y se plasma en mi pupila
un escenario encantado,
la visión prodigiosa
del manto de rocío
tocado de plata por la luna,
que aún hoy su recuerdo,
cuando vuelve a mi mente
me llena de emoción.

¿Porqué sollozaba la noche?
me preguntaba,
en mi recuerdo
el jardín por fin revelaba sus misterios,
¿tal vez las rosas suplicantes
pidieran lágrimas al cielo
para iniciar la jornada?

Ya la antorcha de Febo encendida,
vislumbro el fiel naranjo florecido
y la higuera tan callada,
con sus brazos retorcidos,
grises y arrugados,
que ahora,
a la distancia,
acaricio con ternura
y que entonces desdeñara.

Sin embargo,
el vergel de nuestra infancia
no era sólo el naranjo en flor,
o la higuera de brazos retorcidos,
las rosas de rojo terciopelo
cubiertas de rocío,
o los alegres gladiolos
anunciando el fin del verano,
la bruma del recuerdo
no puede borrar
tantos momentos vividos.

Recuerdo aún el día
en que una chicuela
dio sus primeros pasos,
vacilantes,
temblorosos,
por los senderos
bordeados de rosas
y de canteros llenos de flores,
entre el naranjo y la higuera,
con la euforia en la cara pintada,
de un ángel que brota a la vida.

GLADIOLOS DE MI JARDÍN,
ÓLEO SOBRE VIDRIO, LUISA MADRID DE FERNÁNDEZ, 1970.

*...el vergel de nuestra infancia
no era sólo naranjo en flor,
higuera de brazos retorcidos,
o alegres gladiolos,
la bruma del recuerdo
no puede borrar
tantos momentos vividos.*

Mi recuerdo de ella
es el de un capullo
entre las flores,
mezclada en elegido ramillete
con jazmines,
gladiolos y rosas,
de todas la más bella,
soñando tal vez con quimeras.

La recuerdo creciendo,
jugando con Julie a rayuela,
persiguiendo mariposas esquivas
que nunca atrapaba,
a veces cantando con voz aflautada
tonadillas no escritas,
por ella inventadas.

La veo llenar el jardín de alegría,
mientras a la sombra del níspero
que aún hoy extraño,
aislado en mi mundo,
sin descanso leía,
y que de tanto estar juntos
sin saberlo anhelaba
que la suave piel de su fruto
y su dulce aroma,
algo me dejara.

Aún la oigo balbucear
no sé en que idioma extraño,
e imagino la respuesta de las flores,
cuando el jazmín de leche
le contaba sus encantos,
y los margaritones,
tan blancos como consecuentes,
contestaban sus reclamos.

La veo detenida ante el rosal,
embelesada,
contemplando la belleza de sus rosas
protegidas por espinas,
alucinada por su rojo terciopelo,
envuelta en su fragancia,
sin osar rozar las flores
para no dañarlas.

Guardo su imagen de niña,
absorta ante la corona de novia
con su prístino manto blanco,
sumergida en infantil ensueño,
tal vez sublimando amores
que aún le cuesta pensarlos,
ya ante el cantero tapizado
por las tímidas hortensias
que nunca hablaron,
pero que bien sabían la historia,
porque todo lo presenciaron.

Ya ante la retama
con reminiscencia de padre,
porque al pasar a su lado,
sin querer,
su maraña lo rozaba
y las flores húmedas
de amarillo salpicaban su solapa,
imagen que guardo adentro
como una feliz nostalgia.

Ya contemplando las flores
sentada en el sillón de ligustrina,
aquel que sabía de amores,
que solía amanecer
bañado de luz por la luna,
y de rocío por el sereno nochero,
que ella sabía esperar
para poder disfrutarlo.

El jardín con sus árboles y flores
era marco navideño
del suceso de Belén,
nuestra madre con sus manos
preparaba año tras año
el lecho de paja
en el que un niño
habría de nacer,
y nosotros con las nuestras
construíamos un pesebre
con argamasa
y montañas de papel.

¿Como olvidar nuestro jardín
y los momentos vividos,
que la bruma del tiempo
no ha borrado,
cuando las mariposas
bailoteando alborozadas
entre el naranjo y la higuera,
los gladiolos y las rosas,
fueron testigos del festín,
y las estrellas y el rocío
nuestros invitados?

Piti, el gato de los yuyos

¡Miau! miauu, miauuu, miauuu
tenue y aflautado,
emitido cual gemido postrero,
agonizante y desgarrado,
quejido lastimero apenas audible,
allí estabas en la hierba postrado,
enclenque,
deforme y feote,
famélico,
lucías como único ornato
tu bruno bigote.

Ojos tristes perdidos en la nada
sin lustre ni ilusión,
pellejo seco y arrugado,
pelambre rala y sin color,
aspecto de arruinado,
medio muerto de hambre,
de pena y de dolor,
boqueabas,
exhalando apenas
el penúltimo suspiro
de tu vida gatuna.

Tus patitas temblorosas
reptaban con esfuerzo
llevando a cuestas
tu osamenta dolorida
y tu tripa llena de viento,
cual balón hinchado
pero casi vacío,
que sin rumbo se arrastraban
por la maleza del baldío.

Un hada bienhechora
cambió tu vida en un instante,
leche tibia con gotero,
torta de manzanas con crema
y trocitos de corazón
tiñeron tu piel de negro brillante,
transformando un estropajo agonizante
en un felino orgulloso y poltrón,
envanecido y petulante,
de andar sigiloso,
sutil,
altanero y elegante.

Desde la altura inalcanzable
de tu Olimpo,
tus ojos penetrantes de felino
parecen vigilar,
imperturbables,
a los seres humanos
que tristemente se arrastran
allá abajo por el mundo,
que de tontos
te fastidian
y apenas aguantas.

Caminas con aire desdeñoso y soberbio,
en apariencia indiferente,
desprecias el duro quehacer
de los menguados,
presumes de hidalgo
de ilustre alcurnia,
no cazas por hambruna,
sino por el mórbido placer
de jugar con tu presa
hasta el hartazgo,
y de mostrar tu destreza.

**Los Ojos de Piti,
Fotografía.**

*Desde la altura inalcanzable
de tu Olimpo,
tus ojos penetrantes de felino
parecen vigilar,
imperturbables,
a los seres humanos
que tristemente se arrastran
allá abajo por el mundo,
que de tontos
te fastidian
y apenas aguantas.*

Cuando hay mar de fondo
o alborotado fandango a tu lado,
se te ve frío y templado,
distante y concentrado,
escondido en un rincón oscuro
donde nadie te perturbe,
quizás imaginando
quién sabe que quimera
de tu propio mundo.

Eres egoísta hasta el colmo,
soberbio y arrogante,
cual despótico monarca exiges
que tu súbditos te adoren,
tienes confianza en ti mismo
y en tu gatuno sino,
tu silencio es sólo tuyo,
el mundanal bullicio no te alcanza
ya tan lejos de los yuyos.

DE LA AMISTAD Y DEL AMOR

Mi amigo Juan
Para Juan Rasmussen[1]

Hombre bien plantado,
entero,
reservado y austero,
antes de conocerlo
su imagen respetaba,
después de descubrirlo,
como a un hermano
lo amaba.

Trabajamos a la par,
sin apuro construimos el FRAM,
en el que navegamos
con viento de popa
a toda vela,
rumbo al templo de Esculapio,
vivimos mucha vida juntos,
yo padecí su tortura
en carne propia,
y celebré sus triunfos,
él sufrió mi amargura,
y compartió con alegría
las pocas palmas mías.

Aún hoy recuerdo,
el eco de su voz viril
que me enseñó el camino,
cuando confuso y extraviado
casi lo había perdido,
y me parece sentir la tibieza
de su mano abierta
en la noche helada
de la hora incierta.

**Velero en el río, Óleo,
Hubert Volkmann, 1974.**

*Trabajamos a la par,
sin apuro construimos el FRAM,
en el que navegamos
con viento de popa a toda vela
rumbo al templo de Esculapio,...*

Más aún,
me ayudó a mitigar mi caída
que casi lo arrastra,
cuando mi barca
en la tormenta se hundía,
creyó en mi palabra
aunque era sólo mía,
e hizo propios mis afanes
nunca puestos en duda.

Amistad que atesoro,
efímera flor de un día,
soberbio modelo de vida,
mi amigo ha muerto ayer,
pero su espíritu vive en mí,
y el karma de su afecto
aún rodea mi ser,
me guía,
y está conmigo,
alumbra mi camino,
y mientras tenga un hálito de vida,
Juan será mi amigo.

Homenaje a Bolivia
Para Katy y Eduardo Perou[2]

"Te veneramos con fervor
suelo inolvidable donde nacimos,
tierra de nuestros antepasados,
lugar hoy tan lejano,
en el tiempo y la distancia
donde nos conocimos".

¿Qué fuerza extraña
hizo coincidir vuestra suerte?
él en la Paz,
altiplano seco y alta montaña,
ella en el tórrido oriente,
selva densa y verde llanura.

Tierra como ninguna,
el Titicaca y sus totoras
alto en la puna,
y sus yermas islas,
la del sol,
la de la luna,
y el Poopó,
delgado manto de secas lágrimas
por el inca derramadas,
hasta Oruro se aproxima.

Tiahuanaco,
vestigio de un hombre
que dio forma a tu roca,
vivió,
luchó y sufrió terremotos y opresión,
antes del español y aun antes del inca,
en una edad brumosa
que se pierde en el recuerdo.

Bolivia,
¿cómo olvidar tus contrastes?
frío que escarcha en la sierra,
trópico en el Oriente,
inhóspita puna brava
que la cultura indiana poblara,
jungla solitaria y áspera,
altiva tradición minera,
fosa común en Vallegrande,
la tumba de Che Guevara.

Floresta donde crecen silvestres
la chinchona de ilustre historia,
las sublimes orquídeas
que adornan agrestes paisajes,
donde florece la coca,
sustento del indio
de triste memoria.

¡Oh!
altiplano señero,
que domastes titanes
por siglos dormidos,
señor de volcanes,
antaño del inca el sendero.

Cumbres andinas
con máscara blanca
que el sol sin piedad desnuda,
empinadas barrancas,
cañones y quebradas
por donde alegre,
cantarina,
baja el agua en primavera,
testigos de la opresión del indio,
de la matanza de siglo XX
y también Llallagua.

"Che Guevara y la enfermedad incurable[3],"
F Fernández Madrid Dorrance, 1998.
Fotografía de Clifford roberts.

Bolivia,
¿cómo olvidar tus contrastes?
jungla solitaria y áspera,
altiva tradición minera,
fosa común en Vallegrande,
la tumba de Che Guevara.

En el claroscuro del recuerdo
se confunden lugares y tiempos,
mas rescato las totoras marchitas
y su pelusa dispersa por el viento,
el Illimani de nieves eternas,
la mansión del patriarca
y el hierro forjado de sus puertas,
pero también el adobe indiano,
la herencia del español
y la del inca,
y el orgullo de ser bolivianos.

Si supieras

Si supieras
cuanto te busqué
donde estuvieras,
mucho antes de verte
por vez primera,
hasta en los sitios más insólitos,
en mi imaginación,
te busqué por doquier,
dentro de lo más recóndito
de mi ser.

Te busqué en la casona arcana
que casi adivinaba
en el medio de la fronda
desde el mirador de mi ventana,
en el tren del bajo
que entonces bordeaba la ribera,
bien distante de mi senda,
que apenas alcanzaba,
recorriendo apurado
un coche tras otro,
solamente por verte
desde lejos,
aunque más no fuera.

En el recreo
cuando al salir del aula
rozaba al azar
la magia de tu piel,
en mis ensueños,
que generosos
me devolvían
noche tras noche,
tu tierna imagen
de niña y de novia.

Si supieras
cuanto tiempo te busqué
en mi fantasía,
en la que intuía
lo que podría ser
el mundo de tu amor,
y tu temple de mujer,
en mi soledad voluntaria,
en la que traté
de olvidarte y no pude,
y en muchos otros sitios
y ocasiones,
si supieras tan solo
lo que siento por ti,
cuanto te busqué
y que aun te sigo buscando.

ANITA ENTRE LAS HORTENSIAS.
ESTA FOTO FUE UTILIZADA EN LA PORTADA
DE LA REVISTA *LA CHACRA*, EDITORIAL ATLÁNTIDA BUENOS AIRES, ARGENTINA EN 1950.

…Si supieras tan solo
lo que siento por ti,
cuanto te busqué
y que aun te sigo buscando.

La noche con ella

Se apagó del astro el fulgor,
el crepúsculo tendió su manto de sombra,
y el imperio de la noche
desplegó su oscuro esplendor,
ante mis ojos abiertos,
sin ver,
se desvaneció la senda,
y detuve mi quehacer.

Luego de un instante de ceguera,
quebraron la penumbra
mil luciérnagas titilantes
jugando divertidas,
y percibí la caricia del frescor nochero,
alivio a mi carne cansada
bálsamo de seda,
al cabo de una larga jornada.

Tendido sobre un lecho
de menta y de verbenas,
respiraba el aire puro de la noche,
gozando su silencio y sus aromas,
deslumbrado por la hermosura
de su manto de azabache.

Anhelando irrumpir en su misterio
advertí que las luciérnagas,
centelleando sin apuro
aquí y allá,
como por arte de magia
se iban trocando en estrellas,
que brillaban perezosas,
cual despertando de un sueño.

LA NOCHE CON ELLA,
DESNUDO, ACUARELA, HUBERT VOLKMANN, 1974.

*…vislumbré su perfil amado
por la luna iluminado,
suavemente dibujado por mis manos,
y sentí como otrora
la tibieza de su aliento
al tenderse en la hierba a mi lado.*

Y allí estaba yo,
inmóvil,
esperándola a ella,
aspirando embelesado
la fragancia de las damas de noche,
aunque yo sólo una aguardaba,
saboreando el encanto del silencio,
contemplando las estrellas.

Fascinado por los duendes de la noche
admiraba el fresco celestial
que un pincel virtuoso decoraba,
pintando a la frívola Venus,
el lucero del alba,
y muchas otras estrellas,
que una por una
mis ojos adivinaban.

Por una pequeña brecha
de la pintura etérea,
afloró un tenue hilo de plata,
la hebra plateada creció
y el artista creador
dibujó una luna llena,
ávida de amor.

De pronto advertí
que no estaba solo,
aunque tal vez lo estaba,
vislumbré su perfil amado
por la luna iluminado,
suavemente dibujado por mis manos,
y sentí como otrora
la tibieza de su aliento
al tenderse en la hierba a mi lado.

Y en un instante
nuestros ojos ciegos
ignoraron la armonía
de la pintura celestial,
la luna llena,
la luz brillante del lucero
y el manto de cielo estrellado,
y nuestros cuerpos entrelazados
vibraron dichosos

Así transcurrió no sé cuánto tiempo,
un siglo o un fugaz instante
de embriaguez intoxicante,
al calor de un fuego abrasador,
inagotable llama
de apasionado amor.

Recuerdo que el frescor
amable de la noche
se tornó en escarcha,
y desperté de mi ensueño
con el dulce sabor
de haber vivido.

Abrí los ojos,
mis manos entumecidas por el frío
habían perdido el perfil amado
y se encontraban vacías,
tanteando en la sombra
la busqué en vano
sobre las verbenas a mi lado,
la hierba tachonada de rocío
como principal testigo,
loca,
loca,
reía.

Las estrellas prudentes
se escondieron
y la luna esquiva
desvió su mirada,
y súbitamente palideció
ya casi invisible en la alborada.

Yaciendo aún cuan largo era
sobre la menta y las verbenas,
vi morir la noche
y con ella mi alegría,
ella ya no estaba a mi lado
al nacer el nuevo día.

TÚ Y YO

Parche de cielo azul
apenas asomado
entre amenazadoras nubes,
calandria que trina
volando cerca del nido,
euforia de ser
un soplo de vida generoso y fugaz,
juglar que llenas
mi vida con coplas de amor,
así eres tú.

Racha de viento salvaje
que aviva el fuego del amor,
gota que repiquetea sin cesar
sobre la dura piedra
hasta horadarla,
polvo y arena,
"corazón helado",
agua bajando del glaciar
que enfría hasta el aliento,
tristeza de soledad,
así soy yo.

Amalgama de alborozo y angustia,
parche de cielo azul,
estrella solitaria,
ráfaga de viento salvaje,
calandria sin penas
volando cerca del nido,
amor tórrido y frío invernal,
gota de agua que se estrella
sobre la piedra dura,
polvo y arena
que nos dan impulso
para seguir viviendo,
así somos tú y yo.

Tú, Acrílico,
Hildegard Volkmann, 1974.

…calandria que trina
volando cerca del nido,
euforia de ser
un soplo de vida generoso y fugaz,
juglar que llenas
mi vida con coplas de amor,
así eres tú.

EN SON DE PROTESTA

De campesino a villero

Mis compadres me decían,
en la pampa no hay caridad,
ni futuro,
ni esperanza,
no que yo pidiera ayuda,
pero mi mujer repetía hasta el cansancio
que tal vez en la ciudad
muchas puertas se abrirían
sin tardanza.

Después de mucho rumiar
abandonamos la tierra natal
que nos viera crecer y amar,
la misma que mal que mal
nos permitió trabajar,
traer nuestros hijos al mundo
y formar un hogar.

A la ciudad tan ansiada
que nunca descansa
llegamos sin nada,
buscando trabajo
por las calles trajinadas
de la gran urbe sin alma,
que sabe poco de caridad
y nada de esperanza.

"¿Qué sabes hacer?"
donde fuera preguntaban,
de la ciencia de la tierra,
de caballos y de vacas,
de los montes y quebradas,
de las cosechas ajenas,
yo les hablaba.

EL CAMPESINO, ÓLEO,
HUBERT VOLKMANN, 1974.

*¡Mírenme a los ojos
y no se equivoquen!
todavía aspiramos a un futuro,
sino el nuestro,
el de nuestros hijos,
que en la escuela aprenden
lo que no supimos enseñarles
del saber del mundo.*

Los patrones
me escuchaban en silencio,
yo….,
tropezando en palabras
al saberme sin escuela,
sin las armas necesarias,
y después de divagar,
receloso,
callaba esperando el mazazo,
la respuesta,
…"para vos no hay nada."

Aunque en la ciudad
no nos fue de maravillas,
de mi boca no saldrá una queja,
con barro y chapas,
papeles y ramas secas,
levantamos con mi mujer
un techito en la villa.

Era cierto lo que los patrones decían.
yo nada sabía
de lo que realmente valía,
pero era duro como un leño
y no saqué el hombro al trabajo
ni de noche ni de día
con empeño.

Con mi pareja,
fiel compañera,
no añoramos el pasado,
la tierra que nos enseñara
el alfabeto de la vida,
ya no es lo que era,
también ella ha cambiado.

¡Mírenme a los ojos
y no se equivoquen!
ya blancos en canas,
todavía aspiramos a un futuro,
sino el nuestro
perdido en el olvido,
el de nuestros hijos,
que en la escuela aprenden
lo que no supimos enseñarles
del saber del mundo.

Cadena rota

Durante muchos siglos
sino por milenios,
recio,
duro y sufrido,
trajinaste sin cesar
sufriendo abusos infinitos,
guardando silencio,
rumiando tu desazón
sin proferir una queja.

Pero un día,
perdido ya en los tiempos,
de tu ronca garganta
salió un murmullo suave,
en son de protesta,
un susurro de queja,
que de tenue
apenas se oía,
que a nadie importaba,
que nadie entendía.

Poco a poco,
el susurro,
aunque tenue y vacilante,
ya no en gestación
sino en la lucha formado,
calmo y persistente,
dejó de ser manso,
proclamando un mensaje de cambio,
de esperanza,
voluntad de seguir adelante.

Tu timidez dominada,
tu voz ya madura
cada vez más firme,
resonaba tonante
en tus propios oídos,
pero no era suficiente
pues nadie aun te oía.

**Fotografía,
Rudolf Volkmann, 2017.**

*Después de mucho bregar
por fin llegó el día
en que dijiste…¡BASTA!
esta cadena ya no se aguanta…*

TODOS SOMOS HUMANOS

Alegoría del llanto

Lloran por igual
judíos,
mahometanos y cristianos,
Montescos y Capuletos,
tontos y sabios,
liberales y déspotas,
amarillos,
negros y blancos,
todos somos humanos,
el protoplasma humano
no tiene credo y no sabe de color,
el signo universal del llanto
conoce el infante al nacer,
es parte esencial de la vida
del hombre y de la mujer
hasta perecer.

El recién nacido,
por darwiniana ventura
rompe en llanto con el primer respiro,
antes de balbucear su primer mamá,
llora el niño por dolor,
cuando tiene hambre,
cuando siente frío
o si está incómodo por el calor,
cuando está mojado
y reclama atención,
cuando está molesto
y aunque nadie bien lo sepa,
por cualquier razón.

**Protoplasma,
Témpera, Hubert Volkmann, 1974.**

*…todos somos humanos,
el protoplasma humano
no tiene credo y no sabe de color,…*

El llanto de una mujer,
ya por dolores corporales,
por males del alma,
o con secreto designio desgajado,
es arma sin igual,
capaz de ablandar la piedra dura,
puede más que un pendón,
más que una batalla,
o que un galardón,
su sollozo apenas contenido
puede flechar un corazón sensible,
lograr el edén terrenal,
o capear un furioso temporal.

La fantasía que rodea al hombre
simplemente por ser macho,
le presta imagen de dureza.
áspera y fría,
tal vez un sentimiento adulterado,
y no se lo ve llorar,
pero a veces sí,
solloza con lágrimas secas,
invisibles pero reales,
que expresan la congoja del alma,
sin mensaje aparente,
pero en su interior,
aunque no lo confiese,
el hombre llora de dolor,
con amarga tristeza,
y también por amor.

La palabra

Sonido ininteligible
y burdo,
que a fuer de repetido
a través de las eras,
adquirió un sentido
que distingue al humano
del perro,
del tigre o del mono,
o tal vez no.

Arma poderosa
más fuerte que el cañón,
los misiles
o la bomba atómica,
dominas huestes y legiones,
tu influencia mágica
conmueve las masas
y convoca naciones.

Cuando persuasiva
alucinas multitudes,
eres emisaria de paz
o mensajera de guerra,
puedes ser dominante y estentórea
o humilde y sumisa,
en voz baja musitada.

Puedes crear una duda tremenda
o sonar clara y cristalina,
puedes ser un susurro,
un soneto de amor,
una canción de cuna,
o puedes expresar desdén,
el odio o infundir terror.

Puedes ser pétrea y fría
cual lápida mortuoria,
o cálida y estimulante
cual sabio consejo,
puedes ser vacía
o tener doble sentido,
no sabes de cerrojos
pero abres y cierras puertas
a tu antojo,
eres clave,
pase o sésamo,
y puedes evocar el bien
tanto como el mal.

Puedes ser oportuna,
y acariciar oídos
preparados para escucharte,
a veces cicatrizas heridas del alma,
y predicas la verdad,
pero también cultivas la mentira,
y otras veces no debieran proferirte,
porque la imprecación lastima.

Hay palabras nuevas
que se esculpen a diario,
se transforman
creciendo a medida
que el niño se educa
y la civilización avanza,
ayer nomás inventadas
o prestadas de lenguas foráneas,
que abren nuevos rumbos,
moldeando el idioma,
sembrando el erial
con nuevas ideas,
y el idioma de la tierra
que se habla sin palabras,
que no existen
ni pueden existir
para pintar la belleza de natura.

Roca catedral, Sedona,
Fotografía, Rudolf Volkmann, 2017.

*…y el idioma de la tierra
que se habla sin palabras,
que no existen
ni pueden existir
para pintar la belleza de natura.*

Del ruido y del silencio

Durante la gestación,
aun antes de ver la luz
percibimos un sonido vital,
el presto y rítmico galope
de un corazón apurado
por aprender a vivir,
luego nos parece oír
el chapotear de piecezuelos inquietos
nadando en la inmensidad
de un viscoso mar.

La primera balada
en el claustro materno
nos llega con amniótica sordina,
una aflautada soprano
nos canta del amor y de la vida,
prestando color y armonía
a nuestra larga noche oscura
y una gama de sonidos
a la grávida sinfonía.

Cuando la amorosa soprano
finalmente enmudece
y el rumor se esfuma,
nos preguntamos
¿habrá algo más allá de la canción?
afinamos el oído,
pero no,
no,
sólo percibimos
la primordial y rítmica pulsación.

Tal vez alguna vez
nos dimos cuenta
que el latido vital
no era contínuo sonido,
sino tartamudeo fetal,
mensaje en lengua primordial,
con alfabeto de una sola letra,
obstinadamente repetida,
espaciada por rítmicos silencios.

Después de nacer,
el calidoscopio sonoro
desplegado por natura,
sus miles de sonidos mágicos,
el gorjeo de los pájaros
al despuntar la alborada,
el piar ansioso del pichón
hambriento de vida,
tanto del zorzal recién nacido
como del humilde gorrión.

El ruido del agua
en la cascada,
la caricia casi muda
de la llovizna sutil
besando la tierra seca,
el silbido dulce del viento
al acariciar la alameda,
el romper de las olas en las rocas,
la polifonía de una tormenta
o el ulular del ciclón violento
son las lenguas que natura enseña.

No sólo cantan los pájaros
en alegre algarabía,
y ruge el viento desatado
o brama la tormenta,
por doquier se oyen armonías
por el hombre ideadas,
que elevan el espíritu
a cimas no exploradas.

Nos conmueve
la voz del humano,
que en hablas extrañas
expresa ideales comunes
y los mismos anhelos,
que alegre ríe y canta,
o llora triste sus penas
sin saber siquiera
de colores o de razas.

El ruido es tirano posesivo,
dueño de nuestras vidas
y rey de la urbe palpitante,
como todo monarca,
agresivo e inhumano,
puebla la calle de estruendo
con mezcla infernal de bocinas
y rugientes motores,
a tal punto,
que en el medio del ruidoso infierno,
añoramos la sordina
del seno materno

El humano es vulnerable
ante el bramido contagioso
de la muchedumbre alucinada,
enceguecida y violenta,
indefenso ante la ovación forzada
por el demagogo,
que amordaza la conciencia,
caldo de cultivo enfermizo
en el que pululan la intolerancia,
la tiranía,
la opresión,
el despotismo y la injusticia.

El color del ruido,
marcador mágico líquido, Hubert Volkmann, 1984.

*Aunque nos cueste creer
el sonido se transforma en nuestra mente
y adquiere forma y color,…*

Pocas veces se hace culto
del silencio,
que logra la paz del espíritu
que permite pensar,
crear e imaginar,
en la sublime calma de un santuario,
o en el encuentro con la muerte,
que al pagano y al creyente
hacen en Dios meditar.

Aunque nos cueste creer
el sonido se transforma en nuestra mente
y adquiere forma y color,
es para muchos necesidad imperiosa,
adictiva,
fascinante,
cuando en demasía
verdadera tortura para algunos,
y para todos sin distinción
fuente de fatiga y agitación,
y en su locura modernista
de estar comunicado
en todo instante,
al hombre de hoy le cuesta descubrir
las virtudes del silencio.

Soledad

Soledad,
que me abrazas en las noches,
tanto en las frías de invierno,
como en las templadas
de primavera y de otoño,
y hasta en las del caluroso estío,
cuando me acerco a ti
y encuentro hielo en tu corazón.

Soledad,
la del incansable buscar,
la de llegar muy cerca
sin llegar siquiera a rozar
la esquiva verdad,
ni poder encontrarme a mi mismo
en la babel del llano
o en la borrasca del abismo.

Soledad,
que te invade al ver pasar la vida sin amor,
al sentir en carne propia la indiferencia del mundo,
la de olfatear la muerte
que no acaba de llegar,
aunque ya esté tan cerca,
sin que nadie piense en ti,
sin que a nadie le importe
si sufres,
si vives,
o mueres.

Soledad,
la no buscada,
la del abandono
y la del amor mentido,
la del cruel desengaño,
aquella del fracaso de los dos,
y del frío del olvido.

Soledad,
la de la brisa suspirando en la fronda
su monótona balada de amor,
y a su impulso
las hojas tardías de otoño
bailotean enloquecidas de muerte
a mi alrededor.

Soledad,
la del perro descarnado
que no tiene dueño,
quién sabe qué piensa,
quién sabe que mundos extraños
vislumbran sus ojos
hambrientos,
cansados y ansiosos,
tal vez un canino sueño
que imaginar no puedo.

Soledad,
que nos castigas sin piedad,
cuando en la abundancia
la pobreza del alma nos azota,
o la que despiadada,
agrava la sed abrasadora
que nos consume
en la inmensidad del mar.

Soledad,
la de mis noches de insomnio,
conflicto entre sueño y realidad,
de encuentros inverosímiles,
vorágine de imágenes sin control
que aceleran mi corazón,
y como en loco cinerama
se suceden sin orden ni razón.

MORIDERO.[5]
LUISA MADRID DE FERNÁNDEZ, ÓLEO, 1978.

*Soledad,[6]
la de olfatear la muerte
que no acaba de llegar,
aunque ya esté tan cerca,
sin que a nadie le importe
si sufres,
si vives,
o mueres.*

Soledad,
la de la mansión suntuosa
de ventanales herméticamente cerrados,
pomposos cortinados,
y majestuosa escalinata en caracol,
sin espíritu ni alegría,
ausencia de imágenes
reflejadas en espejos
de la casa de alma vacía.

Soledad,
la de la nochera
que regresa de madrugada,
solitaria,
taciturna y agotada,
su cuerpo mil veces vendido
por pocas monedas,
hastiada de carne
y hambrienta de amor.

Soledad,
la que a veces nos inunda
cuando vamos de copas,
bebiendo una mezcla nefasta
de desdén y de rencor,
con una pizca de zozobra,
que bebemos sin control,
que nos castiga sin piedad
hasta que la vista se nubla,
empeñados en matar la realidad
con la navaja del alcohol.

Soledad,
la del triste recuerdo
de un apuesto joven
y una bella mujer,
dueños de fortuna y de querer,
él sin ella y ella sin él,
viviendo a diario la realidad
de ya no ser.

Soledad,
la de la tumba de tu amada
que fue y ya no es,
pero que es aún parte de tu vida,
porque la amaste y aún la quieres,
la soledad de ella,
debajo de la loza fría,
tan eterna como será la tuya.

Soledad,
la de sentirte aislado
y por curiosa paradoja,
atrapado,
en el medio de una turba
ruidosa y delirante,
agitada y violenta
pero de ti distante.

Soledad,
de las ideas incomprendidas,
del dogma imperturbable y frío,
del pensamiento vacío,
de la confusión,
el delirio y la demencia,
la locura y el desvarío.

Soledad,
la del egoísta
que se adora a sí mismo,
incapaz de arriesgar el corazón
en un entrevero amoroso,
por no saber compartir,
ambulando por el mundo
sin poder amar,
como una balsa a la deriva
perdida en la inmensidad del mar.

Soledad,
la del deprimido,
pesimista,
el eterno negativo,
que aun en la abundancia
no goza de los frutos
que la vida ofrece,
la del que tiene un cielo
tapizado de nubes tristes,
en el cual el sol se eclipsa a diario
y la luna se viste de gris

Soledad,
la de sentir en tu piel
el frío de una mirada glacial,
la de advertir el desamor
reflejado en sus pupilas,
la de saber de sus besos
que ya no son tuyos,
la de beber con amarga fruición,
palabras de amor
nunca pronunciadas.

Soledad,
no te engañes,
sé que anhelas el encuentro
que no llega,
tu pincel travieso
pinta incendios en mi mente calma,
y el vértigo de tu espiral
revolotea alrededor de mi destino,
turba la placidez de mis recuerdos,
agita la quietud de mi retiro
y empaña la dicha del olvido.

Soledad,
que me miras
con el aire complacido
del ave de presa
que espera su botín,
el arco iris de mi vida
después de la tormenta,
cuidadosamente te esquiva,
y no te quiere en su camino.

Soledad,
que custodias la ciudad dormida
plateada por la luna
en la noche serena,
que proteges hombres y alimañas,
mares,
tierras y montañas,
guardando celosa sus secretos,
imbuida tú misma
de insondables misterios.

Soledad,
te jactas de implacable,
desamorada y fría
pero te conozco bien,
no eres ni mezquina ni malvada,
sé que te brindas sin reparo,
a veces tal vez en demasía.

Soledad,
quisieras que te viese siempre buena,
y así te deseo en la noche oscura
tapizada con estrellas,
también en la sombra de los bosques
con lucecitas nocheras,
o en las verdes praderas
sembradas de plumerillos silvestres
y florcitas violetas
bañadas de llovizna mañancra.

Soledad,
te sé contradictoria,
no me des tu cara fea,
sé que te sobra tolerancia,
voluntad y firmeza,
para estar siempre a mi lado
aunque caiga mucha piedra,
y que de tanto creer en mí y esperar,
ya se acaba tu paciencia,
pero no desesperes,
un rayito de sol ilumina hoy mi vera,
y deseo que te alegres
de mi ventura buena.

Soledad,
muchas veces buscada,
hermana gemela del tiempo
que siempre está de tu lado,
sé que permites el destino
de amar sin ser amado,
pero también el milagro
de despertar una llama de amor distante,
poder ver mas allá del horizonte,
escuchar voces queridas sin que estén,
o albergar la ilusión
de vislumbrar lo que podría ser el futuro
aunque no se dé,
de imaginar,
descubrir y crear,
intenta aceptarme como amigo,
que descubras en mí el matiz,
la armonía,
la transparencia,
la frescura de un arroyo entre praderas,
tú que eres la que más me conoces,
no me defraudes,
Soledad,
mi compañera.

Jornada hacia la cumbre

Descubrió la luz,
y se encandilaron sus ojos
al surgir del oscuro claustro materno,
clamó a pulmón batiente
y sin saber porqué
lloró cual tibio torrente.

Transcurrieron días,
meses y años
descubriendo horizontes nuevos,
rumiando ilusiones
y mamando entre ensueños,
tanto le sonreía el sol naciente
como la luna plateada,
y ni sospechaba
que la cumbre estaba tan distante.

Titubeando a cada paso,
descubría su mundillo
a cada instante,
su carne crecía sin descanso
y su torpe lengua
tornaba ideas en balbuceo arcano,
aun no sabía,
que el pico era lejano.

Día a día
estudiaba la cartilla,
el abecé,
los numerales,
geometría,
historia y geografía,
y la cumbre parecía estar más lejos
cuanto más sabía.

Sus músculos ciclópeos
movieron peñascos
sin mayor esfuerzo,
sus veloces piernas
lo llevaron por tortuosos caminos,
ganó fuerza y energía,
y casi sin afán,
por mera inercia
llegó al auge corporal.

El tiempo implacable
que a nadie espera
presenció su tesonero ascenso,
su cara lampiña
se cubrió de vello,
se ensanchó su espalda,
su miembro dormido
despertó cual brioso bagual,
y casi sin pensar
llegó al pico sexual.

Enfrentó la vida
con el fervor e inquietud
de un investigador,
vibraron sus fibras
con seres afines,
descubrió la emoción,
el deseo,
la amistad y el dolor,
y por caminos sinuosos
llegó por fin
al pico del amor.

Al cabo de recibir esencia,
con trivia salpicada,
maduró su juicio
y como por arte de magia
la maraña neuronal
de irrealizado potencial
produjo la idea creadora,
y después de dura gesta
escaló el pico intelectual.

MATTERHORN,
ACUARELA, HUBERT VOLKMANN, 1974.

*Ya en lo alto del pico nevado,
rodeado de precipicio y cielo,
miró hacia abajo
y en su mente revivió
el arduo camino recorrido
con el placer de un montañero
que ha llegado,
y se reclinó en la roca
para gozar del ocaso.*

Casi al final del camino,
escaló el escarpado peñasco
con paso recio y seguro,
y poco a poco llegó
a la cumbre espiritual,
con el amor sublimado,
la emoción incólume
y el intelecto templado.

Ya en lo alto del pico nevado,
rodeado de precipicio y cielo,
miró hacia abajo
y en su mente revivió
el arduo camino recorrido
con el placer de un montañero
que ha llegado,
y se reclinó en la roca
para gozar del ocaso.

DE LA MÚSICA LA DANZA Y EL BUEN VINO

Oda al pinot noir

Tal vez algún patrón
trajo la vid del Asia,
la llevó a Oregón,
Borgoña,
California,
Sud Africa,
la lejana Australia
y a la bella Alsacia.

Rojo rubí es tu color
y subidos tus taninos,
cuando el sol acaricia el viñedo
y le da calor,
pero eres apenas rosado y palideces,
si el cielo se cubre de nubes
y las vides de frío languidecen.

Tu fragancia única
es fiesta para el olfato,
tu aroma frutal,
y tu bouquet a violetas
excitan los sentidos y anticipan
el exquisito placer de degustar.

Al paladar sabes
elegante y fino,
suave y a la vez picante,
con un dejo a cerezas,
y caricias de terciopelo
que persisten en la boca
por un glorioso instante.

Viñedos y Bodega, Carlo & Julian,
Carlton, Oregón,
Fotografía de Félix E. Fernández Madrid, Enólogo.

Tinto sin par,…
tu cuerpo es siempre misterioso,
a veces sutil y sensual,
otras veces firme y armonioso
cual bailarín celestial,
pero en tu mayor grandeza
tienes el cuerpo
de un Dios del Olimpo
transfigurado en el cristal.

Cuando joven,
eres todo fruta,
grato al paladar,
vigoroso y fragante,
y en tu mejor forma
cuando añejo,
suave y refinado,
complejo y opulento,
suntuoso y elegante.

Tinto sin par,
puedes ser grácil y liviano,
con piernas enjutas y afiladas,
o impetuoso y robusto,
con piernas gruesas e imponentes,
tu cuerpo es siempre misterioso,
a veces sutil y sensual,
otras veces firme y armonioso
cual bailarín celestial,
pero en tu mayor grandeza
tienes el cuerpo
de un Dios del Olimpo
transfigurado en el cristal.

Aurora boreal

*Para nuestra nieta Isabella, a quien imaginamos bailando
en el Bolchoi iluminada por las luces de la aurora boreal*

Al cabo de mucho andar
dejé de ver el sendero,
que apenas adivinaba por el sonar
del agua en el ventisquero,
que en desenfrenada caída,
liberada ya del glaciar
despertaba de un sueño milenario
buscando una nueva vida.

En las tinieblas de la noche
detuve mi andar,
y en el inhóspito glaciar
escogí un lugarcito
cubierto con nieve blanda,
abrí mi bolso de noche,
deslicé suavemente mi osamenta
y me puse a otear el cielo
deleitado por nocturna serenata.

Sentado en mi palco improvisado
me miraban curiosas las estrellas,
¿habrá un programa no anunciado?
se preguntaban entre ellas,
¿un ballet,
un recital,
una balada?
nada de eso yo esperaba,
sólo deseaba descifrar
los misterios de la ártica velada.

Por fin creí adivinar
un sutil halo luminoso
en el horizonte polar,
enmarcado por la luna y los luceros,
mientras los músicos
de la frígida vertiente
trocaban partitura en armonía
advertí que estaban en lo cierto las estrellas,
la función estaba al comenzar
sólo para mí,
cual espectador singular.

De improviso,
en un periquete
vislumbré un telón luminoso
sobre el tinglado celestial,
con pliegues titilantes,
tornasolados,
azulinos y bermejos,
que se esfumó cual efluvio espectral.

Sobre el fondo del cielo polar
brotó de pronto,
rutilante,
un mármol marfileño,
y en el tablado celeste,
Pigmalión,
un artista ingenioso,
transformó el bloque amorfo
en precioso diseño
con la magia de su cincel virtuoso.

Duendes pintarrajeados
de verde y de rosa
rodearon de llamas a mármol y artista,
quien con cada toque de buril
modelaba un cuerpo sensual,
una faz tan indiferente como hermosa,
tallada en mitológico marfil
con el perfil de una diosa.

**Bailarina etérea,
Pastel, Hubert Volkmann, 1974.**

*…y la que fuera frígida estatua,
dejó con garbo la tarima,
y tocada con vaporosa falda verde oliva,
bailó pegada al escultor
con la gracia de Pavlova.*

Su espléndida obra concluida,
danzaba el escultor
alrededor de la indiferente bella,
y arrobado,
deseaba lo imposible con ardor,
cuando de pronto,
Pigmalión interrumpió su baile,
se acercó sigilosamente a su creación
y loco de amor
besó sus fríos labios con ternura,
pero no reían las estrellas
pues bien sabían el final de la aventura.

El amor no correspondido
por la apática beldad
tuvo un eco inesperado,
y en un rincón del tablado
tocada con manto de malaquita,
bailó conmovida una deidad,
hermosa como ninguna,
la legendaria Afrodita.

Ante mis ojos azorados
la visión divina fue fugaz,
al esfumarse la diosa al instante,
dejando un halo imantado
sobre la fría estatua
y su ardoroso amante.

Vi al escultor admirando su obra magna,
alucinado por sus facciones nobles,
su ensortijado cabello
y su silueta elegante,
cuando tembloroso,
el artista se acercó a la bella
con una loca ilusión,
pues creyó ver en sus ojos
un destello de vida.

Apenas rozó Pigmalión
el brazo inerme de la estatua,
cuando ésta,
asombrosamente se movió,
el escultor confundido
se preguntó,
¿metamorfosis divina o ilusión?
y loco de pasión,
una vez más se acercó
a los labios de su creación,
y una hermosa mujer,
Galatea,
esculpida por él,
con inesperado ardor lo besó.

Deleitado,
Pigmalión tomó su mano con amor,
y la que fuera frígida estatua,
dejó con garbo la tarima,
y tocada con vaporosa falda verde oliva,
bailó pegada al escultor
con la gracia de Pavlova.

La glacial armonía,
tan nueva como arcana
y el *pas de deux* boreal
eran danza y dulce melodía,
la bella estatua con vida
y el dichoso escultor
bailaban unidos,
infatigables,
embriagados por su efímero amor.

Sin sospechar los amantes
que la bella diosa
en el Olimpo dormía,
el alegro se trocó en adagio,
y por fin en grave andante,
mientras el sortilegio de Afrodita
vertiginosamente moría.

En un breve instante
el festivo escenario celestial,
se transformó en tragedia griega,
la que fuera tibia carne palpitante
retomó la textura del marfil,
Galatea,
tan bella como fría e indiferente,
privada de vida y de calor,
mientras Pigmalión,
dolorido y confuso,
postrado a sus pies
lloraba su perdido amor.

La ártica velada
había saturado mis sentidos
y al llegar el gran final,
se incendió súbitamente
el tablado celestial,
llamaradas de todo color
envolvieron mármol y escultor,
dejando los ecos armoniosos
de una velada musical
y la estela de un desdichado amor.

El duende de mi guitarra

Vibran las cuerdas de mi guitarra
en el balcón de mi vida,
lanzando arpegios al viento
dedicados a mi amada
que tienen sabor a tierra,
llenos de loca ternura
plenos de amor y de entrega,
y aliento a mujer querida.

Me embelesan los acordes
de mi guitarra encantada,
mis dedos rozan sus cuerdas
y creo estar yo tocando,
pero a veces tengo dudas,
me parece que las cuerdas vibran solas
sin que las pulsen mis dedos,
¿puede ser que esté escuchando
a un duendecillo travieso
que se divierte brincando sobre las cuerdas,
que obedecen,
no a mis dedos
sino al geniecillo endiablado?

La melodía embrujada
que mi guitarra desgrana,
es emoción y armonía,
es amor hecho cadencia
con deleite de mi dueña,
pero no es que yo me engañe
festejando su alegría,
no es que mis dedos la pulsen,
¡mi guitarra tiene duende,
es el duende que rasguea!

A veces me pregunto,
¿dónde se oculta
el bailarín descarado?
tal vez en el cuerpo sensual
de mi guitarra española
con contorno de mujer,
en su cintura esbelta,
en la ronca durmiente bordona
o saltando de cuerda en cuerda
reflejado en los ojos de mi amada,
cuando escucha arrobada
la rítmica guitarreada.

Arrebatado de pasión
sigo rasgueando las cuerdas
de mi guitarra nochera,
y entono para mi amada
una dulce canción de amor,
melodías cautivantes,
tonadillas encantadas
que ni sé de donde vienen,
nunca por mi pensadas.

Así me sentía inspirado,
yo creía,
pulsando las cuerdas de mi guitarra,
contemplando a mi dueña,
bebiendo la luz de sus ojos,
embelesado,
cuando de pronto,
desde su pupila reflejado,
brincando sobre las cuerdas,
el duende me advirtió,
como siempre
impertinente,
¡de tu suerte no abuses guitarrero,
que esa luz puede embriagarte!

LA GUITARRA,
ÓLEO, LENA KARPINSKY.

…,me parece que las cuerdas vibran solas
sin que las pulsen mis dedos…,
¿puede ser que esté escuchando
a un duendecillo travieso
que se divierte brincando sobre las cuerdas,
que obedecen,
no a mis dedos
sino al geniecillo endiablado?

En un instante,
el encanto que guiaba
sabiamente mis dedos
se desvaneció,
el duende,
tal vez fatigado de tanto brincar
de cuerda en cuerda,
se había escondido,
en vano lo busqué reflejado
en los ojos desolados
de mi amada,
pero allí ya no estaba,
lo llamé esperanzado
ansiando su regreso,
entonces creí escuchar
desde el trasfondo de la guitarra,
su risa burlona,
y el eco de su voz
que mordaz,
mascullaba con sorna,
¡arréglate como puedas,
volveré cuando tenga ganas!

DEL PLANETA TIERRA

Pesadilla de estío

Me acosté agotado
y a poco comencé a soñar
con un mundo singular,
creación ficticia e irreal,
o tal vez no,
y en el sopor de mi mente,
no sé en que país extraño
fue mi despertar.

El sol languidecía
después de abrasar la tierra con ardor,
su radiación vital,
fuente de luz y calor
y por paradoja
potencialmente letal,
por fin se adormecía.

Desperté abruptamente,
respirando el aire cálido
del anochecer,
me sorprendió ver brotar
por doquier,
criaturas despertando
de su sueño diurno,
y azorado,
contemplé al humano
retomar su andar nocturno.

EL RÍO DE LA VIDA,
KATIE SULLIVAN, 2017.

*Contemplé con estupor
la tierra chamuscada
la paja incendiada en los campos,
la floresta amarilla y sedienta
tornándose en candela,
abrazando los meandros del río…*

Bulevares de día desiertos,
se poblaron de noche,
vi al hombre trajinando sin cesar,
con un algo extraño en su andar
en curioso silencio,
sólo ciclistas pedaleando apresurados,
gente caminando a buen paso
y el hombre de noche trabajando,
taciturno,
deprimido y fatigado.

Advertí que al hombre
de mi sueño
la noche obviamente lo fascina,
la luna lo cautiva,
ya nueva,
ya llena,
y sus hilos de plata,
y su corte de estrellas
que miran distantes,
prestan algo de frescura
a la tierra ardiente.

Descubrí que en mi sueño
la oscuridad era bálsamo
que renueva energías,
para volver a empezar
al alborear el nuevo día,
y me pregunto,
¿tal vez sea la noche
una opción para el hombre
que le permita respirar
o simplemente subsistir?

Me conmovió el trino apagado
de pájaros furtivos,
y la visión de praderas quemadas
amarillas y yermas,
de árboles de troncos resecos,
oscuros y enhiestos
con ramas desnudas
que no saben de sombra.

Admiré en mi sueño
al hombre adaptado
con darwiniano empeño
a una nueva vida,
pero con la aurora,
la cara de Febo ya asomada,
vi con asombro
la ciudad transformada,
los raros peatones
caminando a paso veloz
buscando refugio,
puertas que se cierran,
ya no queda nadie en las calles
de la urbe abrasada.

Contemplé con estupor
la tierra chamuscada,
la paja incendiada en los campos,
la floresta amarilla y sedienta
tornándose en candela,
abrazando los meandros del río,
por el que sin sospechar,
navega corriente abajo,
la masa sufriente de la raza humana,
y sobre la parrilla terrestre,
ya no queda ni un alma,
hasta las ratas,
quietas en sus cuevas,
esperan pacientes
la caridad de las tinieblas.

Tal vez hacer día de la noche
no sea rosada elección,
y cual el murciélago,
la lombriz de tierra
la ameba o el paramecio,
batallando en la evolución,
al infeliz humano
de mi sueño
no le quede otra opción.

Desperté sobresaltado,
con la angustia que siente
el que de pronto,
se da cuenta que ha sido robado,
o el que ha perdido algo vital,
que busca y no encuentra,
como los hombres abatidos
de mi pesadilla escalofriante,
tal vez mis hijos o mis nietos,
y me detuve a pensar
en el día achicharrado,
y en el paraíso terrenal perdido,
que presagia la noche eterna
acercándose sin cesar.

Los caminos del agua

Hada bienhechora
que estás en todas partes,
con tantas formas y disfraces,
eres parte de mi ser,
del elefante y de la ameba,
plasma de mis antepasados,
de los que amamos
y aun de los que odiamos,
maravillosa poción encantada,
esencia mágica de vida,
hoy,
ayer,
¿y mañana?

El agua que sacia mi sed
ha sido vapor que se eleva,
fugitivo de su prisión terrena,
de viaje hacia la nube blanca
y de retorno transformada
en suave llovizna,
violento chubasco
aguacero torrencial,
despiadado granizo,
desmayada helada
o imponente glaciar.

Refrescas mi rostro cansado,
lavas mis manos,
y te escurres,
juguetona,
entre mis dedos
que siempre te buscan
y nunca te alcanzan.

De su sueño despiertas
una por una a las flores
al despuntar el alba
con tus besos de rocío,
y en las lágrimas
que cubren la hierba,
como en un cristal
se refleja el alma.

Tu voz resuena
tonante en el glaciar,
que imponente,
se desgrana,
y bramas al romper la ola
en la escollera,
pero musitas tu secreto
con infinita dulzura
en la pequeña cascada
que muere mansamente
en la laguna.

De la nieve en la alta montaña
a la llanura bajas,
y corres alegre en el río
tornando la piedra de verde a tu paso,
y a veces te adormeces
en sabia espera,
en el sosiego del estero.

Guardas el misterio insondable
de tus corrientes,
inmutables por milenios
en la profundidad del mar,
y del vaivén de tus mareas
soberbias e indomables,
y de las olas,
que acarician suavemente
las palmeras perezosas,
que mecidas por el viento
dormitan en la arena
de la playa por el sol dorada.

**Rompientes en la orilla del mar al anochecer.
Óleo, Hubert Volkmann, 1974.**

*…y bramas al romper la ola
en la escollera,
pero musitas tu secreto
con infinita dulzura
en la pequeña cascada
que muere mansamente
en la laguna.*

Estás siempre presente
en la humedad fría de la miseria,
formando regueros confluentes
que bañan paredes peladas,
que agarrotan huesos doloridos,
y adormecen la mente
del hambriento indigente.

Eres principal sustento
del protoplasma que crece con vigor
en los tiernos brotes,
y sufres ansiedad de primavera
entre las viñas,
cuando el último estertor
del invierno agonizante,
cubre de escarcha las primeras yemas
que apenas asoman.

Por extraña paradoja,
das felicidad y sosiego
al angustiado labriego,
cuando el cielo triste
llora de congoja
sobre los surcos sedientos.

Revives con tu magia
el campo seco y la flor mustia,
el peregrino sediento
te atesora en su conchilla,
tanto el humano
como el paramecio o el delfín
de ti dependen,
sin ti es imposible la vida,
por eso me llena de angustia
pensar que tu infatigable camino,
tal vez mucho antes de la hora señalada
llegue también a su fin.

DE LA MUERTE

El sol del 11 de septiembre

Tus tibios rayos
de fin de estío
dibujaban perezosos,
el perfil tan bello como frío
de las torres mellizas,
que inocentes
se miraban de reojo,
vibrando alborozadas
al compás del ritmo apresurado
del humano
en su trajín mañanero.

Abriste tus ojos,
admirando una vez más
el crisol maravilloso,
que resuelto
pululaba en las entrañas
de las torres gemelas,
cuando de pronto escuchaste
la melodía inquietante
de una ave agorera,
que en loco desvarío
embistió los tragaluces
transformándose en hoguera.

Parpadeaste sorprendido
ante la visión insólita
de una policromía humeante,
¡qué infortunio,
qué triste accidente!
musitaste,
cuando en vuelo semejante,
azorado,
vieron tus ojos
otra ave emponzoñada
estrellarse iracunda
contra la gemela inerme,
tragedia pero no accidente,
pensaste.

**EL SOL ESTÁ DE LUTO,
KATIE SULLIVAN, 2017**.

*¿Recuerdas?,
el prístino cielo
se oscureció al instante
de polvo y verdosa humareda…*

¿Recuerdas?,
el prístino cielo
se oscureció al instante
de polvo y verdosa humareda,
y tus ojos lacrimosos e incrédulos
vislumbraron a través
de la bruma infernal,
dos cirios gigantes,
símbolos de vida y presagio de muerte,
de tal forma encendidos
que aunque se consumieran
jamás se extinguirían.

Viste consternado
a las esbeltas gemelas
aún geométricamente enfrentadas
convertirse en hogueras,
fuiste testigo del frenético quehacer
de los humanos que ansiando vivir
milagrosamente vivieron,
de los que murieron
atrapados en pájaros robados,
y del último vuelo
de los seres antorchas,
que en su desesperación
se lanzaron a volar sin alas
como única fúnebre opción.

El gentil perfil de las gemelas
se esfumó súbitamente,
trocándose en humeante infierno,
un fantástico paisaje *neoyorkino,*
y en su sitio se levantó
una polvareda que enturbió tu vista
y la nuestra,
sumiendo la mente
en la perplejidad de la sombra.

Una vez disipado el polvo,
tus rayos nos descubrieron
tambaleantes,
anonadados,
meditando sobre los escombros humeantes,
preguntándonos una vez más,
¿a dónde vamos?
por los caminos del disparate,
de la enajenación,
de las guerras,
tal vez de retorno a las cavernas,
no hacia la civilización.

Las bestias matan a sus presas
cuando tienen hambre,
el hombre irrespetuoso,
de su vida y de la ajena,
destruye a sus semejantes,
los aniquila o asesina,
los degüella o despedaza,
explota con su bomba o bombardea,
empala,
estrangula o envenena,
lincha,
fusila o fulmina
y hasta crucifica,
acuciado por el odio y el rencor,
en vana evocación de Dios,
movido por el dinero o el poder,
buscando ciegamente el desquite
o sólo para infundir terror.

Oda a Perséfone

Cuando joven,
irresponsable,
osado,
indestructible,
yo creía,
sólo pensaba en ella
como una mujer ajena,
tan hermosa como remota y lejana,
y nunca soñé que algún día
aquella mujer tan bella
podría llegar a ser mía.

Con el pasar de los años
la vi acercarse,
fatal,
descarada y coqueta,
atrayente y seductora,
a los míos más queridos,
tanto a niños como a ancianos
y hasta a mis enemigos.

Tanto el poderoso monarca y su corte,
como el pobre y el ricachón,
el fraile y el santurrón,
y el don Juan de gran porte,
claudicaron sin apelación,
y tanto el burgués como el miserable
sucumbieron a su seducción.

PERSÉFONE, PATRICIA ARIEL.

*...y ya en el ocaso de mi vida
su encanto me atrae más y más,
y veo con impaciencia
llegar la hora,
no en que Perséfone sea mía,
sino en que yo le pertenezca
por la eternidad.*

Con el pasar de los años
llegué a sospechar,
que tal vez algún día
Perséfone podría llegar
a ser mía,
y ya en el ocaso de mi vida
su encanto me atrae más y más,
y veo con impaciencia
llegar la hora,
no en que Perséfone sea mía,
sino en que yo le pertenezca
por la eternidad.

EPITAFIOS

Nefer

Setín,
recuerdo tu enigmática sonrisa,
mampara defensiva,
ventana al mundo entreabierta
pero hábilmente tapiada,
para que nadie osara
penetrar en tu isla privada.

Rosa,
de pétalos encarnados
y por cierto hermosa,
mosaico de ángel travieso
de alma sensible y resignada,
recuerdo tus ojos picarescos
llenos de vida,
en un cofre por siempre atrapados.

Setín,
digna sucesora de Casandra,
como ella bruja y hechicera,
fiel al conjuro de tu signo,
escorpiona hasta la muerte,
te sorprendió el negro felino
clavando sus uñas y sus dientes
en tu muslo tierno,
una noche de opuestas señales.

Rosa,
me acompaña el eco de tu risa
irreprimible y contagiosa,
el cosquilleo de tu humor burlesco,
tu repertorio de gracias sin fin,
la chispa de tus ocurrencias
dibujada claramente en tu rostro,
mucho antes de revelar
la frase clave de tu agudeza.

Busto de Nefertiti,[6]
Museo Egipcio de Berlín, Alemania.
Setín,
visitando los museos de Berlín,
descubrimos tu perfil neferiano,
ancestrales genes faraónicos
despreocupadamente superpuestos
a tu estirpe latina,…

Setín,
visitando los museos de Berlín,
descubrimos tu perfil neferiano,
ancestrales genes faraónicos
despreocupadamente superpuestos
a tu estirpe latina,
por más de tres mil años dormidos
y en las bellas facciones
de la reina egipcia revelados.

Setín,
tu dolencia
hábilmente enmascarada con argucias,
reveló por fin duras aristas,
trocaste tu pose elegante
por la posición fetal,
fingiste alegría en tu sufrimiento,
quedaste inmóvil y atrapada
por pensamientos que volvían sin cesar,
una desventura marcadora,
el cariño de muchos,
la incomprensión de otros
y tantos dulces y agrios recuerdos
de los que no sé,
porque tu ventana quedó cerrada.

Nefer,
¿qué nos queda de ella?
la reliquia de una reina hermosa
del museo de Berlín,
que asomada en la rendija del tiempo,
ocultó su penuria con humor,
el perfume de una Rosa
que alegró muchas vidas,
el recuerdo de tu sonrisa,
los secretos escondidos
detrás de tu ventana cerrada,
tu percepción de hechicera,
intangible pero cierta,
que tal vez en el cosmos perdure,
porque las brujas nunca mueren
y son inmunes al frío del olvido.

Lágrimas de miel
Para Biya y Fede[7]

En su infancia canturreaba Bubi
el estribillo agorero,

"muss i ' denn	"debo irme
muss i' denn	debo irme
zum Städtele hinaus	del pueblo
und du mein Schatz	y tú mi querida
bleibst hier"	aquí te quedas"

sin sospechar que habría
de cantarlo con *nostalgia*
también en el ocaso.

En el calor del regazo materno,
cual augurio celestial
solía risueño cantar,

"Es war ein mal	"Había una vez
ein treuer Husar	un fiel Husar
der liebt sein Mädchen	que amaba a su niña
ein ganzes Jahr,	todo el año,
ein ganzes jahr	todo el año
und noch viel mehr,	y mucho más,
die Liebe nahm	porque su amor
kein Ende mehr."	no tendría fin"

Intuía el niño juglar
que el *"treuer Husar"*
brindaría su amor
hasta el límite,
y tal vez más allá,
porque la pasión latente
que en su corazón ardía,
en su pecho no cabía,
y nada en el mundo podría mitigar

Señor de ríos y de mares,
tu bajel surcó las aguas del Plata,
desafiando turbulencias,
esquivando rompientes,
superando los embates
de peligrosas rutas,
recuerdo el brillo del lucero
que un día apareció en tu cielo
guiando tu velero
a través de la inclemencia
llevándolo a buen puerto,
recuerdo que quedaste
prendado de la estrella,
y que amaste su luz con locura,
te hechizaron sus destellos,
el lucero se hizo candela
y te envolvió en su estela
de amor y de ternura.

Guerrero de otros tiempos,
tu arma,
la verdad,
a diestra y siniestra esgrimida,
tan germana como tuya,
sin ambages ni temor proferida
aunque a veces lastimara,
tu armadura
la bondad,
tu espíritu,
siempre alegre y jovial,
"muss i' denn,   "debo irme,
muss i' denn,   debo irme,
und du mein Schatz   y tú mi querida
bleibst hier"   aquí te quedas"
sin cesar cantabas
en Trelew y en Ayalén.

**Velero,
Óleo, Hubert Volkmann, 1974.**

*Señor de ríos y de mares,
tu bajel surcó las aguas del Plata,
desafiando turbulencias,
esquivando azarosas rompientes,
superando los embates
de peligrosas rutas…*

Prusiana tu sangre pujante,
de temple constante y tenaz,
tu espíritu noble y templado,
transparente,
cabal y pausado,
plantaste semillas de amor y de paz,
y en tu juvenil ocaso
pretendiste descubrir audaz,
los secretos del cosmos,
el misterio insoluble de existir,
preguntándote atrevido,
el porqué del principio
y el porqué del fin.

Escéptico sonreías
ante la lisura de la física
y de los teoremas abstractos
sujetos a rigurosas pruebas,
que ni siquiera rozaban
la esencia de lo que eras,
de lo que tanto buscabas,
la esfera mística insondable
de la existencia humana,
que penetrar ansiabas.

Una tarde brumosa,
un cielo gris tachonado
de nubes azulinas,
un orvallo obstinado y silencioso,
acaso piadoso,
bañaba inexorablemente
la multitud de pasos quedos,
un cortejo respetuoso,
masticando un agridulce sentimiento,
sus paraguas abiertos,
negros,
grises e irisados,
sin pompa
ni plañidos ni lamentos,
saliendo lánguidamente
de un cuadro de Cézanne,
pintado con sonoro pincel,
"*¡muss i' denn*   ¡debo irme,
muss i' denn!"   debo irme!
y de pronto te fuiste,
un puñado de tierra orvallada,
sollozos largamente contenidos
y un torrente de lágrimas de miel.

DE LOS ARTISTAS

Las mayoría de las pinturas que ilustran las poesías fueron elegidas porque expresan vívidamente el talento de nuestros amigos Volkmann y de nuestra familia. El padre de Hubert era guardabosque en la alta montaña y el niño nació en un castillo medieval en Sajonia. A los 17 años, su tío Robert, un profesor de filosofía, le consiguió un aprendizaje de pintor de escenarios en Berlín. De pronto Hubert, un campesino montañés se encontró injertado en Babelsberg, en el medio del mundo teatral de Berlín en los locos años veinte. Allí tuvo oportunidad de pintar lienzos para publicitar óperas presentadas por la Ópera Metropolitana de Nueva York y presentaciones de las bailarinas de Ziegfield de Broadway y del Folies Bergère de París.

En 1931, a medida que Hitler surgía y su poder aumentaba, el mundo del cine en Berlín empezó a descalabrarse con el éxodo masivo de los mejores artistas, judíos en particular.

Hubert dejó su puesto en Babelsberg, tomó su bicicleta, sus pinturas y sus lienzos y se pasó cuatro meses en Italia y Francia. A su retorno volvió con 82 acuarelas y que le sirvieron de palanca para conseguir una beca de cuatro años para estudiar pintura en la Academia de Arte de Berlín. Más tarde obtuvo un puesto de diseñador de escenarios.

En 1936 aprendió a construir y volar planeadores, pero cuando el programa de Hitler le hizo saber que lo querían como piloto dejó esa actividad. En esa época todos los hombres debían ingresar al ejército alemán, pero Hubert no fue llamado a servir hasta 1942, en que fue asignado como ayudante de un general. Curiosamente, su tarea consistía en cazar jabalíes salvajes para la mesa del general y pintar desnudos para intercambiar con otras unidades.

En 1944, cuando el frente de batalla se disolvió ante el ataque de los rusos, Hubert fue tomado prisionero y llevado al campo de concentración de Auschwitz. Después de salvarse milagrosamente de ir a Siberia, se ganó el aprecio de los rusos con su habilidad artística y fue dejado en libertad retornando a Berlín donde se reunió con su querida esposa. Hildegard había vivido en Berlín durante el bombardeo de los aliados y se escapó de la ciudad en bicicleta con su hermana y dos niños pequeños, uno de ellos Rudolf que tenía entonces 3 años.

Cuando Hubert los encontró en la frontera danesa, uno de los niños había muerto y todos estaban hambrientos. Con gran esfuerzo llegaron a Schwäbisch Gmünd cerca de Stuttgart donde Hubert se estableció como pintor.

En 1957 Hubert, Hildegard y Rudolf se trasladaron a los Estados Unidos donde tuvimos la suerte de encontrarnos en Michigan y de gozar de su amistad durante muchos años. Hubert era conocido como Ritter Canvas en la Sociedad Poética Schlarafia que practicaba arte, amistad y humor. Hildegard, cuya escuela artística era haber pintado junto a Hubert, también tenía mucho talento. Rudolf tuvo una exitosa carrera académica en la Universidad de Michigan y se destacó por su pasión por la fotografía. Sus fotos en blanco y negro y sus vistas aéreas de las montañas y los lagos de Arizona donde reside son notables.

Katie Sullivan y Paul Wand son dos de nuestros nietos, ambos con talento artístico e ideas originales. Hablando con Katie acerca de la tragedia de las torres gemelas me impresionó "El sol está de luto" y estuvimos de acuerdo en que su pintura de un sol triste es fiel reflejo del diálogo con "el sol del 11 de septiembre".

Paul tiene muchos talentos distintos y a mi juicio su pintura en "Felicidad" podría despertar la envidia de un Salvador Dalí joven. Completan el cuadro artístico familiar dos pinturas de Luisa Madrid, mi madre. Licha, como era conocida familiarmente, fue periodista de la revista La Chacra publicada entonces por la Editorial Atlántida en Buenos Aires.

Hubert Volkmann, autorretrato, pastel, 1981

Hubert Volkmann nació en Alemania, estudió en la Academia de Arte de Berlín. Eventualmente se radicó en Michigan, USA, donde se destacó como eximio pintor, creativo, con gran imaginación y dominio de la técnica.

Hildegard Volkmann. Pastel by Hubert Volkmann, 1964

Hildegard Volkmann, la esposa de Hubert, fue una talentosa pintora aficionada a quien le encantaba experimentar con técnicas nuevas, el acrílico en especial.

Rudolf Volkmann, Pastel by Hubert Volkmann, 1970

Rudolf Volkmann, hijo del matrimonio Volkmann tiene pasión por la fotografía y se ha dedicado a fotografiar asombrosos paisajes de Arizona, USA desde un helicóptero.

Katie Sullivan, fotografía, 2017

Katie Sullivan, graduada en la Universidad de Washington, Seattle, Washington, USA canaliza su energía artística en producir videos para organizaciones sin fines de lucro que expresan su preocupación por el futuro de nuestro planeta.

Paul Wand, es un graduado de la Universidad de Grand Valley, Allendale, Michigan, USA. Paul se especializa en ciencias de computación e informática. Sus mejores pinturas abstractas datan de sus 15 años.

Paul Wand, fotografía, 2017

Luisa Madrid de Fernández fue una pintora aficionada amante de la naturaleza. Como temas preferidos, alternaba la pintura de la miseria humana con las flores y los paisajes marítimos.

Luisa Madrid, fotografía, 1947

DEL AUTOR

Félix Fernández Madrid es argentino, nacido en Chivilcoy, Provincia de Buenos Aires, radicado en Estados Unidos de América desde 1960. Fernández Madrid se recibió de médico en la Universidad de Buenos Aires donde fue practicante del Hospital de Clínicas. En la Universidad de Miami, Florida, cursó estudios superiores en biología molecular y ha dedicado su actividad profesional a la enseñanza de la medicina interna y de la reumatología y a la investigación de la relación entre la autoinmunidad y la biología del cáncer en la Universidad de Wayne State, Detroit, Michigan donde es profesor de medicina. Fernández Madrid ha publicado numerosos trabajos científicos y varios libros, entre otros una colección de cuentos cortos, "*Cuentos Grises y Rosados*" en castellano y "*Che Guevara y la Enfermedad Incurable*" en Inglés.

NOTAS

1. Juan Rasmussen fue un médico radiólogo de origen escandinavo quien fue un muy buen amigo del autor. Juntos construyeron un velero de tipo snipe durante tres consecutivas vacaciones de verano. El velero fue llamado FRAM en recuerdo de la embarcación de ese nombre que utilizó el explorador noruego Roald Amundsen en su viaje que lo llevó por primera vez al polo sur. La influencia de Juan fue el mayor factor que decidió al autor a abrazar la profesión médica. Juan falleció de cáncer a los 33 años.

2. Katy y Eduardo Perou, fueron una pareja de amigos bolivianos muy cercanos a Anita y Félix durante muchos años. Recordamos a Katy por sus muchas virtudes y por su valerosa y larga lucha con cáncer.

3. En este homenaje a nuestros amigos bolivianos no pude dejar de mencionar a mi amigo de la juventud Ernesto Guevara con quien jugamos al rugby en el mismo equipo en el San Isidro Club en Argentina, para luego ser compañeros de estudio en la Facultad de Medicine de Buenos Aires en la cual nos recibimos de médico el mismo día del año 1953, poco antes de que Ernesto partiera en gira revolucionaria que eventualmente concluiría con su muerte en suelo boliviano.

4. Soledad podría parecer demasiado largo y tal vez lo sea. Su tamaño desmesurado se debe probablemente a la obsesión del autor con las múltiples facetas de la soledad, en particular el aislamiento espiritual que afecta a gran parte de nuestra sociedad que no advierte la creciente incomunicación que implica la substitución del contacto humano reemplazado por el contacto electrónico.

5. El moridero es un lugar en el cual los pobres, desesperados, sin ilusión ni esperanza esperan la muerte. Para muchos seres humanos paupérrimos es la antesala del Ganges, pero en todo el mundo hay millones de "intocables" que esperan la muerte todos los días allí donde los encuentre su suerte.

6. Nefertiti fue una reina egipcia [ca.1370-1330], consorte del faraón Akhenaten. El lector encuentra la fotografía del magnífico busto de la reina egipcia en esta colección por casualidad. Inesperadamente, en nuestro encuentro con la reina en Berlín descubrimos un parecido extraordinario entre las facciones de la reina y las de nuestra amiga Setín.

7. Biya es María Luisa Fernández Madrid de Preusche, hermana del autor y Federico Preusche era su marido. Fede fue un ingeniero naval en Argentina, Director de la Flota Mercante del Estado.